Inhalt

Wirtschaftsspionage durch die USA? - Deutsche Unternehmen agieren zu sorglos

Kernthesen

Beitrag

Fallbeispiele

Weiterführende Literatur

Impressum

Wirtschaftsspionage durch die USA? - Deutsche Unternehmen agieren zu sorglos

Robert Reuter

Kernthesen

- Die ans Tageslicht gekommenen Spionagepraktiken der USA verstärken den Verdacht, dass auch Unternehmen ausgehorcht werden.
- Deutsche Unternehmen agieren bei der Bekämpfung von Spionage oft noch zu sorglos.
- Nach Meinung von Experten sind nur fünf Prozent aller Daten eines Unternehmens besonders brisant. Es ist daher gar nicht so schwer, schützenswertes Firmen-Know-how

vor der Ausspähung zu bewahren.

Beitrag

Großer Lauschangriff der USA

Seit Anfang Juni ist klar, dass sich ganz Europa einem beständigen Lauschangriff der USA ausgesetzt sehen muss. Betrieben wird die vorgeblich nur der Sicherheit der USA dienende Spionage durch den amerikanischen Geheimdienst NSA (National Security Agency), das zugehörige Programm heißt Prism. Da sich die Aufklärung auf Daten aus elektronischen Medien konzentriert, zapft die NSA die europäischen Quellen mit Hilfe großer IT-Firmen an. Bislang sind die Namen von neun Firmen bekannt, die sich am Prism-Projekt beteiligen, und die Liste liest sich wie das Who is Who der amerikanischen Computerindustrie: Microsoft, Google, Facebook, Yahoo, Apple, AOL und Paltalk sowie Skype und YouTube helfen der Behörde dabei, fremde Daten auszuspähen. [(1)](), [(2)](), [(3)]()

Wirtschaftsspionage inklusive?

Noch ungeklärt ist neben vielen anderen Vorgängen

die Frage, inwieweit US-amerikanische Dienste auch Wirtschaftsspionage betreiben. Bekannt ist, dass die Dienste über einen solchen Auftrag offiziell verfügen. So hatte der frühere US-Präsident Bill Clinton 1993 unumwunden eingeräumt, dass CIA und NSA auch offiziell dazu angehalten sind, amerikanische Unternehmen in ihren internationalen Geschäften behilflich zu sein.

Schon 2001 hatte das EU-Parlament darum ein umfangreiches Dossier anfertigen lassen, das die Wirtschaftsspionage der USA deutlich beim Namen nennt. Der Bericht bestätigte die Existenz eines globalen Abhörsystems für private und wirtschaftliche Kommunikation. Dies geschah damals unter dem Dach des Programms Echolon, das später von Prism abgelöst wurde. Die EU-Parlamentarier hatten die USA daraufhin aufgefordert, ihre Wirtschaftsspionagetätigkeiten in Europa offenzulegen und diese gegebenenfalls einzustellen. Passiert ist seitdem allerdings wenig.

Den Enthüllungen des nach Russland geflohenen Ex-Geheimdienstlers Edward Snowdon zufolge greifen die US-Behörden jeden Monat etwa 500 Millionen Kommunikationsvorgänge aus Deutschland ab. Dass bei der riesigen Menge von Daten auch Daten aus deutschen Unternehmen dabei sind, ist naheliegend - auch wenn es im Einzelnen noch nicht bewiesen ist. Die NSA bestreitet allerdings, gezielt Unternehmen auszukundschaften. Geschätzt wird, dass der deutschen Wirtschaft infolge von Industriespionage jährlich ein Schaden in Höhe von 20 bis 30 Milliarden Euro entsteht. (2), (3)

Deutsche Unternehmen agieren sorglos

Während über das Ausmaß der US-Wirtschaftsspionage weitgehend Unklarheit herrscht, gilt es als sicher, dass es die Unternehmen oft selbst sind, die durch den sorglosen Umgang mit Daten und Informationen dazu einladen, ausgehorcht zu werden. Wichtige Konstruktionspläne oder Kundendaten werden in der Cloud oder auf Laptops abgelegt, um so jederzeit verfügbar zu sein. Diese leichte Verfügbarkeit ist es aber auch, die es den Spionen ermöglicht, an die Daten zu gelangen. Sicherheitsexperten, die von Unternehmen zur Beratung hinsichtlich ihrer Datensicherheit beauftragt werden, zeigen in kleinen Tests, wie unvorsichtig Mitarbeiter oft vorgehen. So erweckt ein besitzloser USB-Stick bei vielen Menschen Neugier, der Stick wird eingestöpselt - und schon könnte schädliche Spyware auf dem Rechner installiert sein. Insgesamt geben sich deutsche Unternehmen beim Thema Spionage erstaunlich gelassen. Viele meinen, dass durch Firewalls und Virenscanner der Sicherheit

Genüge getan ist. Dass dies höchstwahrscheinlich nicht stimmt, zeigen die Datenmengen der NSA.

Bedroht wird das Unternehmens-Know-how jedoch nicht nur von außen. Experten glauben, dass zwei Drittel aller Spionage-Delikte von Mitarbeitern aus den eigenen Reihen begangen werden. Die Motive für den Datenklau sind dabei vielfältig. Mancher Mitarbeiter will seinem Unternehmen eines auswischen, andere wollen mit wertvollen Informationen Geld verdienen. (1)

Leichtfertiger Umgang mit sozialen Medien

Gar nicht groß anstrengen müssen sich die Spione, wenn das Unternehmen einen größeren Teil seiner Kommunikation über Facebook, Twitter und Co. betreibt. Einer aktuellen Umfrage zufolge verwendet ein Fünftel der Firmen externe soziale Netzwerke für die Mitarbeiterkommunikation. Auch Online-Services wie Flickr oder Youtube werden genutzt, etwa zum Teilen von Fotos und Videos. Diese eigentlich positive Kommunikation über Hierarchien hinweg bietet Nachrichtendiensten allerdings auch in einem gewissen Umfang Möglichkeiten, Informationen über Unternehmen zu gewinnen. Besonders gefährdet sind dabei solche Unternehmen, die soziale Medien zur kollaborativen Produktentwicklung nutzen. Der Umfrage nach sind es sieben Prozent der Firmen, die sich auf diese Weise Datenspähern erreichbar machen. (5)

Wertvolles Know-how kann man schützen

Dass ein Unternehmen seine Daten komplett zugriffssicher wegpacken kann, ist weder machbar noch nötig. Experten gehen davon aus, dass es nur fünf Prozent des Wissens jeder Firma sind, die zukünftige Produkte oder Strategien betreffen und die darum niemand sonst einsehen können sollte. Will sich das Unternehmen besser vor Ausspähungen schützen, ist es darum vonnöten, diese fünf Prozent erst einmal zu identifizieren.

Im nächsten Schritt sollten die Rechner, auf denen sich das sensible Wissen befindet, verschlüsselt werden. Gerade an dieser Stelle besteht Nachholbedarf, wie aktuelle Untersuchungen zeigen. Demnach sind in kleinen und mittleren Unternehmen - die oft traditionell zu den Technologie-Marktführern gehören - nur 50 Prozent der Rechner und sogar nur zehn Prozent der USB-Sticks verschlüsselt.

Vielleicht am wichtigsten ist es jedoch, die

Belegschaft für das Thema Datensicherheit stärker zu sensibilisieren. Hierzu gehört es auch, Unternehmensdaten in verschiedene Sicherheitsklassen einzustufen, die den Mitarbeitern bekannt sind. (4), (6)

Trends

Neue Herausforderungen durch Big Data

Die auf Computernutzer zurollende große Datenwelle stellt auch an die Datensicherheit neue Anforderungen. Die hohe Komplexität kommender Datenfluten bedeutet für IT-Sicherheitsexperten das Dilemma, mit den durch den anschwellenden Datenstrom wachsenden Möglichkeiten der Hacker Schritt zu halten. Das Magazin Computerwoche hat die besten Schutzprogramme für große Datenbanken bereits einem Test unterzogen. (9)

Getarnte Einbrüche nehmen zu

Einbrüche in Firmengebäude, die dem Erwerb geheimen Firmenwissens dienen, werden immer öfter als einfache Einbruchdiebstähle getarnt. Die Täter nehmen dann auch Fernseher und DVD-Player mit, um den Eindruck zu erwecken, es nur auf materielle Güter abgesehen zu haben. Das eigentliche Ziel sind jedoch die auf Notebooks und Smartphones gespeicherten Daten. Unternehmen, in die eingebrochen wurde, sollten darum unbedingt überprüfen, welche Daten von den Dieben entwendet wurden - und wem die Informationen am meisten nützen könnten. (6)

Fallbeispiele

USA bestreiten Wirtschaftsspionage

Beim Besuch des Bundesinnenministers Hans-Peter Friedrich in den USA, der erst kürzlich zu Ende ging, bildete der NSA-Skandal eines der wichtigsten Gesprächsthemen. Dem Bundesminister ist versichert worden, dass sich die Spionage der US-amerikanischen Dienste nicht auf Unternehmen richte. Das Prism-Programm habe ausschließlich das Ziel, den Terrorismus zu bekämpfen und Terrorakte im Vorfeld zu verhindern. Die Opposition im deutschen Bundestag schenkt den amerikanischen

Versicherungen allerdings keinen Glauben und bezichtigte den Bundesminister darum, zu naiv in die Gespräche gegangen zu sein. (7)

ZF-Friedrichshafen bekämpft Datenspione

Der Motorenhersteller ZF kümmert sich schon seit längerem um die Sicherheit seiner Firmengeheimnisse. So dürfen geschenkte USB-Sticks nicht benutzt werden, und der Papiermüll wird prinzipiell geschreddert, bevor er das Haus verlässt. Auch ZF befürchtet allerdings, dass die größte Gefahr nicht von externen Schnüfflern, sondern von den eigenen Mitarbeitern ausgeht. Eine besondere Gefahr sind Mitarbeiter, die zur Konkurrenz wechseln und dabei Firmendaten mitgehen lassen - sei es auf dem USB-Stick oder im Kopf. (1)

Gefährdetes Freihandelsabkommen

Der NSA-Datenskandal belastet die derzeit laufenden Verhandlungen zwischen den USA und der Europäischen Union über ein Freihandelsabkommen. Die EU spielt dabei die Karte aus, den USA als

Revanche für die Spionage weniger Handelsfreiheiten zuzubilligen als eigentlich geplant. Volkswirte sehen diese Strategie allerdings kritisch, da ein Freihandelsabkommen für die kriselnden Volkswirtschaften auf dem alten Kontinent wie ein Wirtschaftsförderungsprogramm wirken würde. Auch die EU selbst hat berechnet, dass ein Abkommen allein für Europa einen Anstieg der Wirtschaftsleistung um 120 Milliarden Euro jährlich bringen könnte. (8)

Weiterführende Literatur

(1) Kollege Spion
aus Süddeutsche Zeitung, 04.07.2013, Ausgabe Deutschland, S. 16

(2) Herausgabe von Kundendaten
aus CIO - IT-Strategie für Manager, Meldung vom 20.06.2013

(3) Ausgespäht und ausgenommen
aus Süddeutsche Zeitung, 12.07.2013, Ausgabe Deutschland, S. 7

(4) Die Krisengewinner
aus DIE ZEIT vom 11.07.2013, Nr. 29, S. 23-23

(5) PRISM gegen Unternehmen
aus CIO - IT-Strategie für Manager, Meldung vom

10.07.2013

(6) So schützen Sie Ihre sensiblen Daten
aus PC-Welt Online, Meldung vom 17.04.2010

(7) USA bestreiten Wirtschaftsspionage
aus Hamburger Abendblatt, 13.07.2013, Nr. 161, S. 3

(8) Große Chance Freihandel Markt und mehr Das Freihandelsabkommen mit den USA ist die Chance auf einen konjunkturellen Schub ganz ohne Hilfsprogramme und neue Schulden. Die Wirtschaftsprüfer trauen den Zahlen von Powerland nicht. Auch bei anderen China-Aktien sollten Anleger vorsichtig bleiben.
aus Euro am Sonntag, 06.07.2013, Nr. 27, S. 4

(9) Big Data braucht Big Security
aus Computerwoche, 21.01.2013, Nr. 04

Impressum

Wirtschaftsspionage durch die USA? - Deutsche Unternehmen agieren zu sorglos

Bibliografische Information der deutschen Nationalbibliothek

Die Deutsche Nationalbibliothek verzeichnet diese Publikation in der deutschen Nationalbibliografie; detaillierte bibliografische Daten sind im Internet über http://dnb.d-nb.de abrufbar.

ISBN: 978-3-7379-1703-2

© 2015 GBI-Genios Deutsche Wirtschaftsdatenbank GmbH, Freischützstraße 96, 81927 München, www.genios.de

Alle Rechte vorbehalten. Dieses Werk ist einschließlich aller seiner Teile – z.B. Texte, Tabellen und Grafiken - urheberrechtlich geschützt. Jede Verwertung außerhalb der Grenzen des Urheberrechtsgesetzes bedarf der vorherigen Zustimmung des Verlags. Dies gilt insbesondere auch für auszugsweise Nachdrucke, fotomechanische

Vervielfältigungen (Fotokopie/Mikroskopie), Übersetzungen, Auswertungen durch Datenbanken oder ähnliche Einrichtungen und die Einspeicherung und Verarbeitung in elektronischen Systemen.